다라니(진언)
사경 11

건강과 장수를 위한 진언

운주사

머리말

진언眞言은 '거룩하고 참된 말'이라는 뜻으로 산스크리트어 만트라mantra를 번역한 것이다. 주呪, 신주神呪라고도 번역한다. 진언을 다라니dharani라고도 하는데, 다라니는 '모든 선함을 기억하여 지니고, 모든 악함을 일어나지 않게 막는다'는 의미로 총지總持, 능지能持, 능차能遮라 번역하기도 한다.

불교에서 진언은 수행의 한 방편으로 매우 중요시하였는데, 진언을 반복해서 외우거나, 진언 자체를 관하는 명상을 하거나, 정성껏 받아쓰는 등의 수행을 통하여 물질적·정신적 장해들을 극복하며, 마음을 정화하고 지혜를 얻어 궁극에는 깨달음에 도달하게 된다고 보았다.

진언 수행의 가장 일반적인 형태는 이를 반복해서 외우는 것이다. 외우는 방법에는 입으로 외우는 방법과 이를 정성껏 받아쓰며 외우는 방법이 있다. 다만 진언 사경은 입으로 외우는 것보다 시간이 더 걸린다는 점이 다르다. 그만큼 사경은 입으로 외우는 것보다 정성과 노력을 더 필요로 하는 수행인 것이다.

사경이란

사경은 부처님의 말씀을 옮겨 쓰는 것으로, 기도 수행의 한 방법이다. 즉 사경은 몸과 마음을 정갈히 가다듬고 부처님 말씀을 한 자 한 자 정성껏 옮겨 쓰는 수행 과정을 통해 불보살님의 가피를 받아 신심과 원력이 증장하고 바라는 소원이 성취되며, 늘 기쁨이 충만한 삶을 살다가 목숨을 마치고는 극락왕생하는 데 그 목적이 있다.

사경의 의의

부처님의 말씀은 경전을 통하여 우리에게 전해지고 있다. 따라서 경전의 말씀은 단순한 글자가 아니라 부처님이 깨달으신 진리를 상징하고 있다. 진리 자체는 문자로 나타낼 수 없지만 문자를 떠나서도 진리를 전하기 어렵다. 그러므로 경전에 쓰인 문자는 부처님께서 중생들을 진리로 인도하시려는 자비심의 상징이기도 하다.

사경을 통하여 우리는 부처님의 말씀을 보다 차분하게 깊이 이해할 수 있을 뿐 아니라, 정성을 다하여 사경하는 행위 그 자체가 훌륭한 수행이 된다는 사실을 알아야 한다. 그래서 옛 수행자들은 자신의 피로 사경을 하기도 하고, 한 글자를 쓸 때마다 삼배의 예를 올리기도 하였던 것이다.

이와 같이 사경은 부처님 말씀을 이해하고 자신의 마음을 맑히는 훌륭한 수행이자, 스스로의 정성을 부처님께 공양 올리는 거룩한 불사佛事라고 할 수 있다.

진언 사경의 공덕

부처님께서는 『법화경』, 『반야경』 등 여러 경전에서 사경의 공덕이 매우 수승하다고 말씀하신다. 예컨대 사경의 공덕은 무수한 세월 동안 부처님께 재물을 보시한 공덕보다 뛰어나고 탑을 조성하는 공덕보다 수승하다는 것 등이다. 진언(다라니) 사경에는 다음과 같은 공덕이 있다.

1. 몸과 마음이 평안해지고 신심과 지혜가 증대된다.
2. 현세를 살아가며 마주치는 모든 재난을 이겨내고 삿된 기운을 물리친다.
3. 전생부터 지금까지 지은 모든 업장이 소멸된다.
4. 바라는 바를 원만하게 성취할 수 있다.
5. 부처님 가르침을 기억하여 잊지 않게 되고, 기억력이 좋아져 머리가 총명해진다.

6. 마음이 편안하고 안정되어 부처님 마음과 감응하여 삼매를 성취할 수 있다.

7. 모든 불자들이 바라는 깨달음을 빨리 얻을 수 있다.

8. 하는 일이 잘되며, 어려운 일이 해결된다.

9. 현실의 물질적, 정신적 어려움이 사라진다.

10. 맺힌 원결들이 풀어지고 주변에 좋은 인연들이 모여든다.

11. 불보살님이 항상 가피해 주신다.

12. 선망 조상들과 인연 있는 이들뿐 아니라 스스로도 극락왕생한다.

13. 늘 기쁘고 행복하며, 자비심이 생겨 만나는 이들에게도 행복을 전해 준다.

사경하는 순서

다음은 사경을 하는 일반적인 순서이다. 하지만 오로지 진실한 마음이 중요한 것이니, 크게 구애받지 말고 상황에 따라 적절히 실행하면 된다.

1. 몸과 마음을 정갈히 가다듬는다.

2. 사경할 준비를 하고 초를 켜거나 향을 피운다.

3. 3배를 올리고 사경 발원문을 봉독한다.

4. 개인적인 발원을 올린다.

5. 정성껏 사경을 한다.(1자1배, 1자3배를 하기도 한다)

6. 모든 공덕을 중생들에게 회향하는 보회향진언으로 사경을 마무리한다.

7. 3배를 올리고 마친다.

*사경을 처음 시작할 때 언제까지 몇 번을 쓰겠다고 불보살님께 약속하고 시작하는 것이 좋다. 도중에 나태해지거나 그만 두는 것을 예방할 수 있기 때문이다. 1,000번, 3,000번, 10,000번 등 자신의 신심에 따라 발원하면 된다.

사경 발원문

참 진리의 고향이시자 중생을 구원하시는 대자대비하신 부처님!

시작 없는 전생에서부터 오늘에 이르기까지 제가 지은 모든 죄업을 부처님 전에 참회하나이다.

제가 이제 몸과 말과 뜻으로 부처님께 지극한 마음으로 귀의하며 사경의식을 봉행하오니, 이 인연 공덕으로 살아 있는 모든 생명의 행복과 해탈을 축원하옵니다. 또한 저와 인연 있는 이들이 다생겁래로 지어온 모든 업장이 소멸되고 바라는 모든 발원이 원만히 성취되게 하시어 감사하고 행복한 삶을 살다가, 끝내는 깨달음의 문을 열게 해주소서. 또한 선망 조상님과 여러 인연 있는 영가들이 극락왕생하여 영원한 행복을 누리게 하소서!

개인 발원문 (각자 바라는 발원을 적고 읽는다.)

불기   년   월   일

사경 제자 _____   공경 합장

건강과 장수를 위한 진언

『건강과 장수를 위한 진언』은 우리 중생들의 기본적인 바람인, 건강하게 오래 살기를 바라는 간절한 마음을 담은 진언이다. 금강(다이아몬드)과 같이 영원한 수명을 기원하는 「금강수명金剛壽命다라니」, 수명이 연장되기를 바라는 「연수명延壽命다라니」, 보현보살의 가피력으로 역시 수명이 연장되기를 발원하는 「보현연명普賢延命보살진언」을 지성으로 사경하면 불보살님의 가피를 입어 무병장수하게 될 것이다.

기도 수행의 기본은 참회와 업장소멸이다. 무시이래로 모르고 지었거나 알고 지은 모든 죄와 업장을 참회하고 소멸해야만 기도의 가피를 받을 수 있다. 몸과 마음을 깨끗이 정화해야 새로운 기운을 받을 수 있기 때문이다. 어느 진언을 사경하든 가능하면 ①죄업을 참회하는 진언과 ②업장을 소멸하는 진언을 먼저 사경하기 바란다.

금강수명金剛壽命다라니

옴 바아라 유사 사바하

연수명延壽命다라니

훔훔 시기 사바하

보현연명普賢延命보살진언

옴 바즈라유세 훔 훔 시키 사바하

사경 시작한 날 : 불기 _____ 년 ___ 월 ___ 일

금강수명金剛壽命다라니
옴 바아라 유사 사바하

옴 바아라 유사 사바하
옴 바아라 유사 사바하
옴 바아라 유사 사바하

옴 바아라 유사 사바하
옴 바아라 유사 사바하
옴 바아라 유사 사바하
옴 바아라 유사 사바하
옴 바아라 유사 사바하

옴 바아라 유사 사바하
옴 바아라 유사 사바하
옴 바아라 유사 사바하
옴 바아라 유사 사바하
옴 바아라 유사 사바하

013

옴 바아라 유사 사바하
옴 바아라 유사 사바하
옴 바아라 유사 사바하
옴 바아라 유사 사바하
옴 바아라 유사 사바하

옴 바아라 유사 사바하
옴 바아라 유사 사바하
옴 바아라 유사 사바하
옴 바아라 유사 사바하
옴 바아라 유사 사바하

옴 바아라 유사 사바하
옴 바아라 유사 사바하
옴 바아라 유사 사바하
옴 바아라 유사 사바하
옴 바아라 유사 사바하

옴 바아라 유사 사바하
옴 바아라 유사 사바하
옴 바아라 유사 사바하
옴 바아라 유사 사바하
옴 바아라 유사 사바하

옴 바아라 유사 사바하
옴 바아라 유사 사바하
옴 바아라 유사 사바하
옴 바아라 유사 사바하
옴 바아라 유사 사바하

옴 바아라 유사 사바하
옴 바아라 유사 사바하
옴 바아라 유사 사바하
옴 바아라 유사 사바하
옴 바아라 유사 사바하

옴 바아라 유사 사바하
옴 바아라 유사 사바하
옴 바아라 유사 사바하
옴 바아라 유사 사바하
옴 바아라 유사 사바하

옴 바아라 유사 사바하
옴 바아라 유사 사바하
옴 바아라 유사 사바하
옴 바아라 유사 사바하
옴 바아라 유사 사바하

옴 바아라 유사 사바하
옴 바아라 유사 사바하
옴 바아라 유사 사바하
옴 바아라 유사 사바하
옴 바아라 유사 사바하

058

옴 바아라 유사 사바하
옴 바아라 유사 사바하
옴 바아라 유사 사바하
옴 바아라 유사 사바하
옴 바아라 유사 사바하

옴 바아라 유사 사바하
옴 바아라 유사 사바하
옴 바아라 유사 사바하
옴 바아라 유사 사바하
옴 바아라 유사 사바하

옴 바아라 유사 사바하
옴 바아라 유사 사바하
옴 바아라 유사 사바하
옴 바아라 유사 사바하
옴 바아라 유사 사바하

옴 바아라 유사 사바하
옴 바아라 유사 사바하
옴 바아라 유사 사바하
옴 바아라 유사 사바하
옴 바아라 유사 사바하

옴 바아라 유사 사바하
옴 바아라 유사 사바하
옴 바아라 유사 사바하
옴 바아라 유사 사바하
옴 바아라 유사 사바하

옴 바아라 유사 사바하
옴 바아라 유사 사바하
옴 바아라 유사 사바하
옴 바아라 유사 사바하
옴 바아라 유사 사바하

옴 바아라 유사 사바하
옴 바아라 유사 사바하
옴 바아라 유사 사바하
옴 바아라 유사 사바하
옴 바아라 유사 사바하

옴 바아라 유사 사바하
옴 바아라 유사 사바하
옴 바아라 유사 사바하
옴 바아라 유사 사바하
옴 바아라 유사 사바하

옴 바아라 유사 사바하
옴 바아라 유사 사바하
옴 바아라 유사 사바하
옴 바아라 유사 사바하
옴 바아라 유사 사바하

103

옴 바아라 유사 사바하
옴 바아라 유사 사바하
옴 바아라 유사 사바하
옴 바아라 유사 사바하
옴 바아라 유사 사바하

옴 바아라 유사 사바하
옴 바아라 유사 사바하
옴 바아라 유사 사바하
옴 바아라 유사 사바하
옴 바아라 유사 사바하

옴 바아라 유사 사바하
옴 바아라 유사 사바하
옴 바아라 유사 사바하
옴 바아라 유사 사바하
옴 바아라 유사 사바하

옴 바아라 유사 사바하
옴 바아라 유사 사바하
옴 바아라 유사 사바하
옴 바아라 유사 사바하
옴 바아라 유사 사바하

옴 바아라 유사 사바하
옴 바아라 유사 사바하
옴 바아라 유사 사바하
옴 바아라 유사 사바하
옴 바아라 유사 사바하

옴 바아라 유사 사바하
옴 바아라 유사 사바하
옴 바아라 유사 사바하
옴 바아라 유사 사바하
옴 바아라 유사 사바하

133

옴 바아라 유사 사바하
옴 바아라 유사 사바하
옴 바아라 유사 사바하
옴 바아라 유사 사바하
옴 바아라 유사 사바하

옴 바아라 유사 사바하
옴 바아라 유사 사바하
옴 바아라 유사 사바하
옴 바아라 유사 사바하
옴 바아라 유사 사바하

옴 바아라 유사 사바하
옴 바아라 유사 사바하
옴 바아라 유사 사바하
옴 바아라 유사 사바하
옴 바아라 유사 사바하

148

옴 바아라 유사 사바하
옴 바아라 유사 사바하
옴 바아라 유사 사바하
옴 바아라 유사 사바하
옴 바아라 유사 사바하

옴 바아라 유사 사바하
옴 바아라 유사 사바하
옴 바아라 유사 사바하
옴 바아라 유사 사바하
옴 바아라 유사 사바하

옴 바아라 유사 사바하
옴 바아라 유사 사바하
옴 바아라 유사 사바하
옴 바아라 유사 사바하
옴 바아라 유사 사바하

163

옴 바아라 유사 사바하
옴 바아라 유사 사바하
옴 바아라 유사 사바하
옴 바아라 유사 사바하
옴 바아라 유사 사바하

옴 바아라 유사 사바하
옴 바아라 유사 사바하
옴 바아라 유사 사바하
옴 바아라 유사 사바하
옴 바아라 유사 사바하

옴 바아라 유사 사바하
옴 바아라 유사 사바하
옴 바아라 유사 사바하
옴 바아라 유사 사바하
옴 바아라 유사 사바하

178

옴 바아라 유사 사바하
옴 바아라 유사 사바하
옴 바아라 유사 사바하
옴 바아라 유사 사바하
옴 바아라 유사 사바하

옴 바아라 유사 사바하
옴 바아라 유사 사바하
옴 바아라 유사 사바하
옴 바아라 유사 사바하
옴 바아라 유사 사바하

옴 바아라 유사 사바하
옴 바아라 유사 사바하
옴 바아라 유사 사바하
옴 바아라 유사 사바하
옴 바아라 유사 사바하

193

옴 바아라 유사 사바하
옴 바아라 유사 사바하
옴 바아라 유사 사바하
옴 바아라 유사 사바하
옴 바아라 유사 사바하

옴 바아라 유사 사바하
옴 바아라 유사 사바하
옴 바아라 유사 사바하
옴 바아라 유사 사바하
옴 바아라 유사 사바하

옴 바아라 유사 사바하
옴 바아라 유사 사바하
옴 바아라 유사 사바하
옴 바아라 유사 사바하
옴 바아라 유사 사바하

208

옴 바아라 유사 사바하
옴 바아라 유사 사바하
옴 바아라 유사 사바하
옴 바아라 유사 사바하
옴 바아라 유사 사바하

옴 바아라 유사 사바하
옴 바아라 유사 사바하
옴 바아라 유사 사바하
옴 바아라 유사 사바하
옴 바아라 유사 사바하

옴 바아라 유사 사바하
옴 바아라 유사 사바하
옴 바아라 유사 사바하
옴 바아라 유사 사바하
옴 바아라 유사 사바하

옴 바아라 유사 사바하
옴 바아라 유사 사바하
옴 바아라 유사 사바하
옴 바아라 유사 사바하
옴 바아라 유사 사바하

옴 바아라 유사 사바하
옴 바아라 유사 사바하
옴 바아라 유사 사바하
옴 바아라 유사 사바하
옴 바아라 유사 사바하

옴 바아라 유사 사바하
옴 바아라 유사 사바하
옴 바아라 유사 사바하
옴 바아라 유사 사바하
옴 바아라 유사 사바하

238

옴 바아라 유사 사바하
옴 바아라 유사 사바하
옴 바아라 유사 사바하
옴 바아라 유사 사바하
옴 바아라 유사 사바하

옴 바아라 유사 사바하
옴 바아라 유사 사바하
옴 바아라 유사 사바하
옴 바아라 유사 사바하
옴 바아라 유사 사바하

옴 바아라 유사 사바하
옴 바아라 유사 사바하
옴 바아라 유사 사바하
옴 바아라 유사 사바하
옴 바아라 유사 사바하

253

옴 바아라 유사 사바하
옴 바아라 유사 사바하
옴 바아라 유사 사바하
옴 바아라 유사 사바하
옴 바아라 유사 사바하

옴 바아라 유사 사바하
옴 바아라 유사 사바하
옴 바아라 유사 사바하
옴 바아라 유사 사바하
옴 바아라 유사 사바하

옴 바아라 유사 사바하
옴 바아라 유사 사바하
옴 바아라 유사 사바하
옴 바아라 유사 사바하
옴 바아라 유사 사바하

옴 바아라 유사 사바하
옴 바아라 유사 사바하
옴 바아라 유사 사바하
옴 바아라 유사 사바하
옴 바아라 유사 사바하

옴 바아라 유사 사바하
옴 바아라 유사 사바하
옴 바아라 유사 사바하
옴 바아라 유사 사바하
옴 바아라 유사 사바하

옴 바아라 유사 사바하
옴 바아라 유사 사바하
옴 바아라 유사 사바하
옴 바아라 유사 사바하
옴 바아라 유사 사바하

283

옴 바아라 유사 사바하
옴 바아라 유사 사바하
옴 바아라 유사 사바하
옴 바아라 유사 사바하
옴 바아라 유사 사바하

옴 바아라 유사 사바하
옴 바아라 유사 사바하
옴 바아라 유사 사바하
옴 바아라 유사 사바하
옴 바아라 유사 사바하

옴 바아라 유사 사바하
옴 바아라 유사 사바하
옴 바아라 유사 사바하
옴 바아라 유사 사바하
옴 바아라 유사 사바하

298

옴 바아라 유사 사바하
옴 바아라 유사 사바하
옴 바아라 유사 사바하
옴 바아라 유사 사바하
옴 바아라 유사 사바하

옴 바아라 유사 사바하
옴 바아라 유사 사바하
옴 바아라 유사 사바하
옴 바아라 유사 사바하
옴 바아라 유사 사바하

옴 바아라 유사 사바하
옴 바아라 유사 사바하
옴 바아라 유사 사바하
옴 바아라 유사 사바하
옴 바아라 유사 사바하

옴 바아라 유사 사바하
옴 바아라 유사 사바하
옴 바아라 유사 사바하
옴 바아라 유사 사바하
옴 바아라 유사 사바하

옴 바아라 유사 사바하
옴 바아라 유사 사바하
옴 바아라 유사 사바하
옴 바아라 유사 사바하
옴 바아라 유사 사바하

옴 바아라 유사 사바하
옴 바아라 유사 사바하
옴 바아라 유사 사바하
옴 바아라 유사 사바하
옴 바아라 유사 사바하

328

옴 바아라 유사 사바하
옴 바아라 유사 사바하
옴 바아라 유사 사바하
옴 바아라 유사 사바하
옴 바아라 유사 사바하

옴 바아라 유사 사바하
옴 바아라 유사 사바하
옴 바아라 유사 사바하
옴 바아라 유사 사바하
옴 바아라 유사 사바하

옴 바아라 유사 사바하
옴 바아라 유사 사바하
옴 바아라 유사 사바하
옴 바아라 유사 사바하
옴 바아라 유사 사바하

343

옴 바아라 유사 사바하
옴 바아라 유사 사바하
옴 바아라 유사 사바하
옴 바아라 유사 사바하
옴 바아라 유사 사바하

옴 바아라 유사 사바하
옴 바아라 유사 사바하
옴 바아라 유사 사바하
옴 바아라 유사 사바하
옴 바아라 유사 사바하

옴 바아라 유사 사바하
옴 바아라 유사 사바하
옴 바아라 유사 사바하
옴 바아라 유사 사바하
옴 바아라 유사 사바하

358

옴 바아라 유사 사바하
옴 바아라 유사 사바하
옴 바아라 유사 사바하
옴 바아라 유사 사바하
옴 바아라 유사 사바하

옴 바아라 유사 사바하
옴 바아라 유사 사바하
옴 바아라 유사 사바하
옴 바아라 유사 사바하
옴 바아라 유사 사바하

옴 바아라 유사 사바하
옴 바아라 유사 사바하
옴 바아라 유사 사바하
옴 바아라 유사 사바하
옴 바아라 유사 사바하

옴 바아라 유사 사바하
옴 바아라 유사 사바하
옴 바아라 유사 사바하
옴 바아라 유사 사바하
옴 바아라 유사 사바하

옴 바아라 유사 사바하
옴 바아라 유사 사바하
옴 바아라 유사 사바하
옴 바아라 유사 사바하
옴 바아라 유사 사바하

옴 바아라 유사 사바하
옴 바아라 유사 사바하
옴 바아라 유사 사바하
옴 바아라 유사 사바하
옴 바아라 유사 사바하

388

옴 바아라 유사 사바하
옴 바아라 유사 사바하
옴 바아라 유사 사바하
옴 바아라 유사 사바하
옴 바아라 유사 사바하

옴 바아라 유사 사바하
옴 바아라 유사 사바하
옴 바아라 유사 사바하
옴 바아라 유사 사바하
옴 바아라 유사 사바하

옴 바아라 유사 사바하
옴 바아라 유사 사바하
옴 바아라 유사 사바하
옴 바아라 유사 사바하
옴 바아라 유사 사바하

403

옴 바아라 유사 사바하
옴 바아라 유사 사바하
옴 바아라 유사 사바하
옴 바아라 유사 사바하
옴 바아라 유사 사바하

옴 바아라 유사 사바하
옴 바아라 유사 사바하
옴 바아라 유사 사바하
옴 바아라 유사 사바하
옴 바아라 유사 사바하

옴 바아라 유사 사바하
옴 바아라 유사 사바하
옴 바아라 유사 사바하
옴 바아라 유사 사바하
옴 바아라 유사 사바하

418

옴 바아라 유사 사바하
옴 바아라 유사 사바하
옴 바아라 유사 사바하
옴 바아라 유사 사바하
옴 바아라 유사 사바하

옴 바아라 유사 사바하
옴 바아라 유사 사바하
옴 바아라 유사 사바하
옴 바아라 유사 사바하
옴 바아라 유사 사바하

옴 바아라 유사 사바하
옴 바아라 유사 사바하
옴 바아라 유사 사바하
옴 바아라 유사 사바하
옴 바아라 유사 사바하

433

옴 바아라 유사 사바하
옴 바아라 유사 사바하
옴 바아라 유사 사바하
옴 바아라 유사 사바하
옴 바아라 유사 사바하

옴 바아라 유사 사바하
옴 바아라 유사 사바하
옴 바아라 유사 사바하
옴 바아라 유사 사바하
옴 바아라 유사 사바하

옴 바아라 유사 사바하
옴 바아라 유사 사바하
옴 바아라 유사 사바하
옴 바아라 유사 사바하
옴 바아라 유사 사바하

옴 바아라 유사 사바하
옴 바아라 유사 사바하
옴 바아라 유사 사바하
옴 바아라 유사 사바하
옴 바아라 유사 사바하

옴 바아라 유사 사바하
옴 바아라 유사 사바하
옴 바아라 유사 사바하
옴 바아라 유사 사바하
옴 바아라 유사 사바하

옴 바아라 유사 사바하
옴 바아라 유사 사바하
옴 바아라 유사 사바하
옴 바아라 유사 사바하
옴 바아라 유사 사바하

463

옴 바아라 유사 사바하
옴 바아라 유사 사바하
옴 바아라 유사 사바하
옴 바아라 유사 사바하
옴 바아라 유사 사바하

옴 바아라 유사 사바하
옴 바아라 유사 사바하
옴 바아라 유사 사바하
옴 바아라 유사 사바하
옴 바아라 유사 사바하

옴 바아라 유사 사바하
옴 바아라 유사 사바하
옴 바아라 유사 사바하
옴 바아라 유사 사바하
옴 바아라 유사 사바하

옴 바아라 유사 사바하
옴 바아라 유사 사바하
옴 바아라 유사 사바하
옴 바아라 유사 사바하
옴 바아라 유사 사바하

옴 바아라 유사 사바하
옴 바아라 유사 사바하
옴 바아라 유사 사바하
옴 바아라 유사 사바하
옴 바아라 유사 사바하

옴 바아라 유사 사바하
옴 바아라 유사 사바하
옴 바아라 유사 사바하
옴 바아라 유사 사바하
옴 바아라 유사 사바하

493

옴 바아라 유사 사바하
옴 바아라 유사 사바하
옴 바아라 유사 사바하
옴 바아라 유사 사바하
옴 바아라 유사 사바하

옴 바아라 유사 사바하
옴 바아라 유사 사바하

500

보회향진언

옴 삼마라 삼마라 미만나 사라마
하 자가라바 훔

연수명延壽命다라니

훔훔 시기 사바하

훔훔 시기 사바하
훔훔 시기 사바하
훔훔 시기 사바하

훔훔 시기 사바하
훔훔 시기 사바하
훔훔 시기 사바하
훔훔 시기 사바하
훔훔 시기 사바하

훔훔 시기 사바하
훔훔 시기 사바하
훔훔 시기 사바하
훔훔 시기 사바하
훔훔 시기 사바하

013

훔훔 시기 사바하
훔훔 시기 사바하
훔훔 시기 사바하
훔훔 시기 사바하
훔훔 시기 사바하

훔훔 시기 사바하
훔훔 시기 사바하
훔훔 시기 사바하
훔훔 시기 사바하
훔훔 시기 사바하

훔훔 시기 사바하
훔훔 시기 사바하
훔훔 시기 사바하
훔훔 시기 사바하
훔훔 시기 사바하

훔훔 시기 사바하
훔훔 시기 사바하
훔훔 시기 사바하
훔훔 시기 사바하
훔훔 시기 사바하

훔훔 시기 사바하
훔훔 시기 사바하
훔훔 시기 사바하
훔훔 시기 사바하
훔훔 시기 사바하

훔훔 시기 사바하
훔훔 시기 사바하
훔훔 시기 사바하
훔훔 시기 사바하
훔훔 시기 사바하

043

훔훔 시기 사바하
훔훔 시기 사바하
훔훔 시기 사바하
훔훔 시기 사바하
훔훔 시기 사바하

훔훔 시기 사바하
훔훔 시기 사바하
훔훔 시기 사바하
훔훔 시기 사바하
훔훔 시기 사바하

훔훔 시기 사바하
훔훔 시기 사바하
훔훔 시기 사바하
훔훔 시기 사바하
훔훔 시기 사바하

훔훔 시기 사바하
훔훔 시기 사바하
훔훔 시기 사바하
훔훔 시기 사바하
훔훔 시기 사바하

훔훔 시기 사바하
훔훔 시기 사바하
훔훔 시기 사바하
훔훔 시기 사바하
훔훔 시기 사바하

훔훔 시기 사바하
훔훔 시기 사바하
훔훔 시기 사바하
훔훔 시기 사바하
훔훔 시기 사바하

073

훔훔 시기 사바하
훔훔 시기 사바하
훔훔 시기 사바하
훔훔 시기 사바하
훔훔 시기 사바하

훔훔 시기 사바하
훔훔 시기 사바하
훔훔 시기 사바하
훔훔 시기 사바하
훔훔 시기 사바하

훔훔 시기 사바하
훔훔 시기 사바하
훔훔 시기 사바하
훔훔 시기 사바하
훔훔 시기 사바하

훔훔 시기 사바하
훔훔 시기 사바하
훔훔 시기 사바하
훔훔 시기 사바하
훔훔 시기 사바하

훔훔 시기 사바하
훔훔 시기 사바하
훔훔 시기 사바하
훔훔 시기 사바하
훔훔 시기 사바하

훔훔 시기 사바하
훔훔 시기 사바하
훔훔 시기 사바하
훔훔 시기 사바하
훔훔 시기 사바하

103

훔훔 시기 사바하
훔훔 시기 사바하
훔훔 시기 사바하
훔훔 시기 사바하
훔훔 시기 사바하

훔훔 시기 사바하
훔훔 시기 사바하
훔훔 시기 사바하
훔훔 시기 사바하
훔훔 시기 사바하

훔훔 시기 사바하
훔훔 시기 사바하
훔훔 시기 사바하
훔훔 시기 사바하
훔훔 시기 사바하

훔훔 시기 사바하
훔훔 시기 사바하
훔훔 시기 사바하
훔훔 시기 사바하
훔훔 시기 사바하

훔훔 시기 사바하
훔훔 시기 사바하
훔훔 시기 사바하
훔훔 시기 사바하
훔훔 시기 사바하

훔훔 시기 사바하
훔훔 시기 사바하
훔훔 시기 사바하
훔훔 시기 사바하
훔훔 시기 사바하

133

훔훔 시기 사바하
훔훔 시기 사바하
훔훔 시기 사바하
훔훔 시기 사바하
훔훔 시기 사바하

훔훔 시기 사바하
훔훔 시기 사바하
훔훔 시기 사바하
훔훔 시기 사바하
훔훔 시기 사바하

훔훔 시기 사바하
훔훔 시기 사바하
훔훔 시기 사바하
훔훔 시기 사바하
훔훔 시기 사바하

148

훔훔 시기 사바하
훔훔 시기 사바하
훔훔 시기 사바하
훔훔 시기 사바하
훔훔 시기 사바하

훔훔 시기 사바하
훔훔 시기 사바하
훔훔 시기 사바하
훔훔 시기 사바하
훔훔 시기 사바하

훔훔 시기 사바하
훔훔 시기 사바하
훔훔 시기 사바하
훔훔 시기 사바하
훔훔 시기 사바하

163

훔훔 시기 사바하
훔훔 시기 사바하
훔훔 시기 사바하
훔훔 시기 사바하
훔훔 시기 사바하

훔훔 시기 사바하
훔훔 시기 사바하
훔훔 시기 사바하
훔훔 시기 사바하
훔훔 시기 사바하

훔훔 시기 사바하
훔훔 시기 사바하
훔훔 시기 사바하
훔훔 시기 사바하
훔훔 시기 사바하

훔훔 시기 사바하
훔훔 시기 사바하
훔훔 시기 사바하
훔훔 시기 사바하
훔훔 시기 사바하

훔훔 시기 사바하
훔훔 시기 사바하
훔훔 시기 사바하
훔훔 시기 사바하
훔훔 시기 사바하

훔훔 시기 사바하
훔훔 시기 사바하
훔훔 시기 사바하
훔훔 시기 사바하
훔훔 시기 사바하

193

훔훔 시기 사바하
훔훔 시기 사바하
훔훔 시기 사바하
훔훔 시기 사바하
훔훔 시기 사바하

훔훔 시기 사바하
훔훔 시기 사바하
훔훔 시기 사바하
훔훔 시기 사바하
훔훔 시기 사바하

훔훔 시기 사바하
훔훔 시기 사바하
훔훔 시기 사바하
훔훔 시기 사바하
훔훔 시기 사바하

208

훔훔 시기 사바하
훔훔 시기 사바하
훔훔 시기 사바하
훔훔 시기 사바하
훔훔 시기 사바하

훔훔 시기 사바하
훔훔 시기 사바하
훔훔 시기 사바하
훔훔 시기 사바하
훔훔 시기 사바하

훔훔 시기 사바하
훔훔 시기 사바하
훔훔 시기 사바하
훔훔 시기 사바하
훔훔 시기 사바하

훔훔 시기 사바하
훔훔 시기 사바하
훔훔 시기 사바하
훔훔 시기 사바하
훔훔 시기 사바하

훔훔 시기 사바하
훔훔 시기 사바하
훔훔 시기 사바하
훔훔 시기 사바하
훔훔 시기 사바하

훔훔 시기 사바하
훔훔 시기 사바하
훔훔 시기 사바하
훔훔 시기 사바하
훔훔 시기 사바하

훔훔 시기 사바하
훔훔 시기 사바하
훔훔 시기 사바하
훔훔 시기 사바하
훔훔 시기 사바하

훔훔 시기 사바하
훔훔 시기 사바하
훔훔 시기 사바하
훔훔 시기 사바하
훔훔 시기 사바하

훔훔 시기 사바하
훔훔 시기 사바하
훔훔 시기 사바하
훔훔 시기 사바하
훔훔 시기 사바하

253

훔훔 시기 사바하
훔훔 시기 사바하
훔훔 시기 사바하
훔훔 시기 사바하
훔훔 시기 사바하

훔훔 시기 사바하
훔훔 시기 사바하
훔훔 시기 사바하
훔훔 시기 사바하
훔훔 시기 사바하

훔훔 시기 사바하
훔훔 시기 사바하
훔훔 시기 사바하
훔훔 시기 사바하
훔훔 시기 사바하

훔훔 시기 사바하
훔훔 시기 사바하
훔훔 시기 사바하
훔훔 시기 사바하
훔훔 시기 사바하

훔훔 시기 사바하
훔훔 시기 사바하
훔훔 시기 사바하
훔훔 시기 사바하
훔훔 시기 사바하

훔훔 시기 사바하
훔훔 시기 사바하
훔훔 시기 사바하
훔훔 시기 사바하
훔훔 시기 사바하

283

훔훔 시기 사바하
훔훔 시기 사바하
훔훔 시기 사바하
훔훔 시기 사바하
훔훔 시기 사바하

훔훔 시기 사바하
훔훔 시기 사바하
훔훔 시기 사바하
훔훔 시기 사바하
훔훔 시기 사바하

훔훔 시기 사바하
훔훔 시기 사바하
훔훔 시기 사바하
훔훔 시기 사바하
훔훔 시기 사바하

훔훔 시기 사바하
훔훔 시기 사바하
훔훔 시기 사바하
훔훔 시기 사바하
훔훔 시기 사바하

훔훔 시기 사바하
훔훔 시기 사바하
훔훔 시기 사바하
훔훔 시기 사바하
훔훔 시기 사바하

훔훔 시기 사바하
훔훔 시기 사바하
훔훔 시기 사바하
훔훔 시기 사바하
훔훔 시기 사바하

313

훔훔 시기 사바하
훔훔 시기 사바하
훔훔 시기 사바하
훔훔 시기 사바하
훔훔 시기 사바하

훔훔 시기 사바하
훔훔 시기 사바하
훔훔 시기 사바하
훔훔 시기 사바하
훔훔 시기 사바하

훔훔 시기 사바하
훔훔 시기 사바하
훔훔 시기 사바하
훔훔 시기 사바하
훔훔 시기 사바하

328

훔훔 시기 사바하
훔훔 시기 사바하
훔훔 시기 사바하
훔훔 시기 사바하
훔훔 시기 사바하

훔훔 시기 사바하
훔훔 시기 사바하
훔훔 시기 사바하
훔훔 시기 사바하
훔훔 시기 사바하

훔훔 시기 사바하
훔훔 시기 사바하
훔훔 시기 사바하
훔훔 시기 사바하
훔훔 시기 사바하

343

훔훔 시기 사바하

훔훔 시기 사바하

훔훔 시기 사바하

훔훔 시기 사바하

훔훔 시기 사바하

훔훔 시기 사바하

훔훔 시기 사바하

훔훔 시기 사바하

훔훔 시기 사바하

훔훔 시기 사바하

훔훔 시기 사바하

훔훔 시기 사바하

훔훔 시기 사바하

훔훔 시기 사바하

훔훔 시기 사바하

358

훔훔 시기 사바하
훔훔 시기 사바하
훔훔 시기 사바하
훔훔 시기 사바하
훔훔 시기 사바하

훔훔 시기 사바하
훔훔 시기 사바하
훔훔 시기 사바하
훔훔 시기 사바하
훔훔 시기 사바하

훔훔 시기 사바하
훔훔 시기 사바하
훔훔 시기 사바하
훔훔 시기 사바하
훔훔 시기 사바하

373

훔훔 시기 사바하
훔훔 시기 사바하
훔훔 시기 사바하
훔훔 시기 사바하
훔훔 시기 사바하

훔훔 시기 사바하
훔훔 시기 사바하
훔훔 시기 사바하
훔훔 시기 사바하
훔훔 시기 사바하

훔훔 시기 사바하
훔훔 시기 사바하
훔훔 시기 사바하
훔훔 시기 사바하
훔훔 시기 사바하

388

훔훔 시기 사바하
훔훔 시기 사바하
훔훔 시기 사바하
훔훔 시기 사바하
훔훔 시기 사바하

훔훔 시기 사바하
훔훔 시기 사바하
훔훔 시기 사바하
훔훔 시기 사바하
훔훔 시기 사바하

훔훔 시기 사바하
훔훔 시기 사바하
훔훔 시기 사바하
훔훔 시기 사바하
훔훔 시기 사바하

403

훔훔 시기 사바하
훔훔 시기 사바하
훔훔 시기 사바하
훔훔 시기 사바하
훔훔 시기 사바하

훔훔 시기 사바하
훔훔 시기 사바하
훔훔 시기 사바하
훔훔 시기 사바하
훔훔 시기 사바하

훔훔 시기 사바하
훔훔 시기 사바하
훔훔 시기 사바하
훔훔 시기 사바하
훔훔 시기 사바하

훔훔 시기 사바하
훔훔 시기 사바하
훔훔 시기 사바하
훔훔 시기 사바하
훔훔 시기 사바하

훔훔 시기 사바하
훔훔 시기 사바하
훔훔 시기 사바하
훔훔 시기 사바하
훔훔 시기 사바하

훔훔 시기 사바하
훔훔 시기 사바하
훔훔 시기 사바하
훔훔 시기 사바하
훔훔 시기 사바하

433

훔훔 시기 사바하

훔훔 시기 사바하

훔훔 시기 사바하

훔훔 시기 사바하

훔훔 시기 사바하

훔훔 시기 사바하

훔훔 시기 사바하

훔훔 시기 사바하

훔훔 시기 사바하

훔훔 시기 사바하

훔훔 시기 사바하

훔훔 시기 사바하

훔훔 시기 사바하

훔훔 시기 사바하

훔훔 시기 사바하

448

훔훔 시기 사바하
훔훔 시기 사바하
훔훔 시기 사바하
훔훔 시기 사바하
훔훔 시기 사바하

훔훔 시기 사바하
훔훔 시기 사바하
훔훔 시기 사바하
훔훔 시기 사바하
훔훔 시기 사바하

훔훔 시기 사바하
훔훔 시기 사바하
훔훔 시기 사바하
훔훔 시기 사바하
훔훔 시기 사바하

463

훔훔 시기 사바하
훔훔 시기 사바하
훔훔 시기 사바하
훔훔 시기 사바하
훔훔 시기 사바하

훔훔 시기 사바하
훔훔 시기 사바하
훔훔 시기 사바하
훔훔 시기 사바하
훔훔 시기 사바하

훔훔 시기 사바하
훔훔 시기 사바하
훔훔 시기 사바하
훔훔 시기 사바하
훔훔 시기 사바하

훔훔 시기 사바하
훔훔 시기 사바하
훔훔 시기 사바하
훔훔 시기 사바하
훔훔 시기 사바하

훔훔 시기 사바하
훔훔 시기 사바하
훔훔 시기 사바하
훔훔 시기 사바하
훔훔 시기 사바하

훔훔 시기 사바하
훔훔 시기 사바하
훔훔 시기 사바하
훔훔 시기 사바하
훔훔 시기 사바하

493

훔훔 시기 사바하
훔훔 시기 사바하
훔훔 시기 사바하
훔훔 시기 사바하
훔훔 시기 사바하

훔훔 시기 사바하
훔훔 시기 사바하

500

보회향진언
옴 삼마라 삼마라 미만나 사라마
하 자가라바 훔

보현연명普賢延命보살진언

옴 바즈라유세 훔 훔 시키 사바하

옴 바즈라유세 훔 훔 시키 사바하
옴 바즈라유세 훔 훔 시키 사바하
옴 바즈라유세 훔 훔 시키 사바하

옴 바즈라유세 훔 훔 시키 사바하
옴 바즈라유세 훔 훔 시키 사바하
옴 바즈라유세 훔 훔 시키 사바하
옴 바즈라유세 훔 훔 시키 사바하
옴 바즈라유세 훔 훔 시키 사바하

옴 바즈라유세 훔 훔 시키 사바하
옴 바즈라유세 훔 훔 시키 사바하
옴 바즈라유세 훔 훔 시키 사바하
옴 바즈라유세 훔 훔 시키 사바하
옴 바즈라유세 훔 훔 시키 사바하

013

옴 바즈라유세 훔 훔 시키 사바하
옴 바즈라유세 훔 훔 시키 사바하
옴 바즈라유세 훔 훔 시키 사바하
옴 바즈라유세 훔 훔 시키 사바하
옴 바즈라유세 훔 훔 시키 사바하

옴 바즈라유세 훔 훔 시키 사바하
옴 바즈라유세 훔 훔 시키 사바하
옴 바즈라유세 훔 훔 시키 사바하
옴 바즈라유세 훔 훔 시키 사바하
옴 바즈라유세 훔 훔 시키 사바하

옴 바즈라유세 훔 훔 시키 사바하
옴 바즈라유세 훔 훔 시키 사바하
옴 바즈라유세 훔 훔 시키 사바하
옴 바즈라유세 훔 훔 시키 사바하
옴 바즈라유세 훔 훔 시키 사바하

028

옴 바즈라유세 훔 훔 시키 사바하
옴 바즈라유세 훔 훔 시키 사바하
옴 바즈라유세 훔 훔 시키 사바하
옴 바즈라유세 훔 훔 시키 사바하
옴 바즈라유세 훔 훔 시키 사바하

옴 바즈라유세 훔 훔 시키 사바하
옴 바즈라유세 훔 훔 시키 사바하
옴 바즈라유세 훔 훔 시키 사바하
옴 바즈라유세 훔 훔 시키 사바하
옴 바즈라유세 훔 훔 시키 사바하

옴 바즈라유세 훔 훔 시키 사바하
옴 바즈라유세 훔 훔 시키 사바하
옴 바즈라유세 훔 훔 시키 사바하
옴 바즈라유세 훔 훔 시키 사바하
옴 바즈라유세 훔 훔 시키 사바하

043

옴 바즈라유세 훔 훔 시키 사바하
옴 바즈라유세 훔 훔 시키 사바하
옴 바즈라유세 훔 훔 시키 사바하
옴 바즈라유세 훔 훔 시키 사바하
옴 바즈라유세 훔 훔 시키 사바하

옴 바즈라유세 훔 훔 시키 사바하
옴 바즈라유세 훔 훔 시키 사바하
옴 바즈라유세 훔 훔 시키 사바하
옴 바즈라유세 훔 훔 시키 사바하
옴 바즈라유세 훔 훔 시키 사바하

옴 바즈라유세 훔 훔 시키 사바하
옴 바즈라유세 훔 훔 시키 사바하
옴 바즈라유세 훔 훔 시키 사바하
옴 바즈라유세 훔 훔 시키 사바하
옴 바즈라유세 훔 훔 시키 사바하

058

옴 바즈라유세 훔 훔 시키 사바하
옴 바즈라유세 훔 훔 시키 사바하
옴 바즈라유세 훔 훔 시키 사바하
옴 바즈라유세 훔 훔 시키 사바하
옴 바즈라유세 훔 훔 시키 사바하

옴 바즈라유세 훔 훔 시키 사바하
옴 바즈라유세 훔 훔 시키 사바하
옴 바즈라유세 훔 훔 시키 사바하
옴 바즈라유세 훔 훔 시키 사바하
옴 바즈라유세 훔 훔 시키 사바하

옴 바즈라유세 훔 훔 시키 사바하
옴 바즈라유세 훔 훔 시키 사바하
옴 바즈라유세 훔 훔 시키 사바하
옴 바즈라유세 훔 훔 시키 사바하
옴 바즈라유세 훔 훔 시키 사바하

073

옴 바즈라유세 훔 훔 시키 사바하
옴 바즈라유세 훔 훔 시키 사바하
옴 바즈라유세 훔 훔 시키 사바하
옴 바즈라유세 훔 훔 시키 사바하
옴 바즈라유세 훔 훔 시키 사바하

옴 바즈라유세 훔 훔 시키 사바하
옴 바즈라유세 훔 훔 시키 사바하
옴 바즈라유세 훔 훔 시키 사바하
옴 바즈라유세 훔 훔 시키 사바하
옴 바즈라유세 훔 훔 시키 사바하

옴 바즈라유세 훔 훔 시키 사바하
옴 바즈라유세 훔 훔 시키 사바하
옴 바즈라유세 훔 훔 시키 사바하
옴 바즈라유세 훔 훔 시키 사바하
옴 바즈라유세 훔 훔 시키 사바하

088

옴 바즈라유세 훔 훔 시키 사바하
옴 바즈라유세 훔 훔 시키 사바하
옴 바즈라유세 훔 훔 시키 사바하
옴 바즈라유세 훔 훔 시키 사바하
옴 바즈라유세 훔 훔 시키 사바하

옴 바즈라유세 훔 훔 시키 사바하
옴 바즈라유세 훔 훔 시키 사바하
옴 바즈라유세 훔 훔 시키 사바하
옴 바즈라유세 훔 훔 시키 사바하
옴 바즈라유세 훔 훔 시키 사바하

옴 바즈라유세 훔 훔 시키 사바하
옴 바즈라유세 훔 훔 시키 사바하
옴 바즈라유세 훔 훔 시키 사바하
옴 바즈라유세 훔 훔 시키 사바하
옴 바즈라유세 훔 훔 시키 사바하

103

옴 바즈라유세 훔 훔 시키 사바하
옴 바즈라유세 훔 훔 시키 사바하
옴 바즈라유세 훔 훔 시키 사바하
옴 바즈라유세 훔 훔 시키 사바하
옴 바즈라유세 훔 훔 시키 사바하

옴 바즈라유세 훔 훔 시키 사바하
옴 바즈라유세 훔 훔 시키 사바하
옴 바즈라유세 훔 훔 시키 사바하
옴 바즈라유세 훔 훔 시키 사바하
옴 바즈라유세 훔 훔 시키 사바하

옴 바즈라유세 훔 훔 시키 사바하
옴 바즈라유세 훔 훔 시키 사바하
옴 바즈라유세 훔 훔 시키 사바하
옴 바즈라유세 훔 훔 시키 사바하
옴 바즈라유세 훔 훔 시키 사바하

옴 바즈라유세 훔 훔 시키 사바하
옴 바즈라유세 훔 훔 시키 사바하
옴 바즈라유세 훔 훔 시키 사바하
옴 바즈라유세 훔 훔 시키 사바하
옴 바즈라유세 훔 훔 시키 사바하

옴 바즈라유세 훔 훔 시키 사바하
옴 바즈라유세 훔 훔 시키 사바하
옴 바즈라유세 훔 훔 시키 사바하
옴 바즈라유세 훔 훔 시키 사바하
옴 바즈라유세 훔 훔 시키 사바하

옴 바즈라유세 훔 훔 시키 사바하
옴 바즈라유세 훔 훔 시키 사바하
옴 바즈라유세 훔 훔 시키 사바하
옴 바즈라유세 훔 훔 시키 사바하
옴 바즈라유세 훔 훔 시키 사바하

133

옴 바즈라유세 훔 훔 시키 사바하
옴 바즈라유세 훔 훔 시키 사바하
옴 바즈라유세 훔 훔 시키 사바하
옴 바즈라유세 훔 훔 시키 사바하
옴 바즈라유세 훔 훔 시키 사바하

옴 바즈라유세 훔 훔 시키 사바하
옴 바즈라유세 훔 훔 시키 사바하
옴 바즈라유세 훔 훔 시키 사바하
옴 바즈라유세 훔 훔 시키 사바하
옴 바즈라유세 훔 훔 시키 사바하

옴 바즈라유세 훔 훔 시키 사바하
옴 바즈라유세 훔 훔 시키 사바하
옴 바즈라유세 훔 훔 시키 사바하
옴 바즈라유세 훔 훔 시키 사바하
옴 바즈라유세 훔 훔 시키 사바하

148

옴 바즈라유세 훔 훔 시키 사바하
옴 바즈라유세 훔 훔 시키 사바하
옴 바즈라유세 훔 훔 시키 사바하
옴 바즈라유세 훔 훔 시키 사바하
옴 바즈라유세 훔 훔 시키 사바하

옴 바즈라유세 훔 훔 시키 사바하
옴 바즈라유세 훔 훔 시키 사바하
옴 바즈라유세 훔 훔 시키 사바하
옴 바즈라유세 훔 훔 시키 사바하
옴 바즈라유세 훔 훔 시키 사바하

옴 바즈라유세 훔 훔 시키 사바하
옴 바즈라유세 훔 훔 시키 사바하
옴 바즈라유세 훔 훔 시키 사바하
옴 바즈라유세 훔 훔 시키 사바하
옴 바즈라유세 훔 훔 시키 사바하

옴 바즈라유세 훔 훔 시키 사바하
옴 바즈라유세 훔 훔 시키 사바하
옴 바즈라유세 훔 훔 시키 사바하
옴 바즈라유세 훔 훔 시키 사바하
옴 바즈라유세 훔 훔 시키 사바하

옴 바즈라유세 훔 훔 시키 사바하
옴 바즈라유세 훔 훔 시키 사바하
옴 바즈라유세 훔 훔 시키 사바하
옴 바즈라유세 훔 훔 시키 사바하
옴 바즈라유세 훔 훔 시키 사바하

옴 바즈라유세 훔 훔 시키 사바하
옴 바즈라유세 훔 훔 시키 사바하
옴 바즈라유세 훔 훔 시키 사바하
옴 바즈라유세 훔 훔 시키 사바하
옴 바즈라유세 훔 훔 시키 사바하

옴 바즈라유세 훔 훔 시키 사바하
옴 바즈라유세 훔 훔 시키 사바하
옴 바즈라유세 훔 훔 시키 사바하
옴 바즈라유세 훔 훔 시키 사바하
옴 바즈라유세 훔 훔 시키 사바하

옴 바즈라유세 훔 훔 시키 사바하
옴 바즈라유세 훔 훔 시키 사바하
옴 바즈라유세 훔 훔 시키 사바하
옴 바즈라유세 훔 훔 시키 사바하
옴 바즈라유세 훔 훔 시키 사바하

옴 바즈라유세 훔 훔 시키 사바하
옴 바즈라유세 훔 훔 시키 사바하
옴 바즈라유세 훔 훔 시키 사바하
옴 바즈라유세 훔 훔 시키 사바하
옴 바즈라유세 훔 훔 시키 사바하

193

옴 바즈라유세 훔 훔 시키 사바하
옴 바즈라유세 훔 훔 시키 사바하
옴 바즈라유세 훔 훔 시키 사바하
옴 바즈라유세 훔 훔 시키 사바하
옴 바즈라유세 훔 훔 시키 사바하

옴 바즈라유세 훔 훔 시키 사바하
옴 바즈라유세 훔 훔 시키 사바하
옴 바즈라유세 훔 훔 시키 사바하
옴 바즈라유세 훔 훔 시키 사바하
옴 바즈라유세 훔 훔 시키 사바하

옴 바즈라유세 훔 훔 시키 사바하
옴 바즈라유세 훔 훔 시키 사바하
옴 바즈라유세 훔 훔 시키 사바하
옴 바즈라유세 훔 훔 시키 사바하
옴 바즈라유세 훔 훔 시키 사바하

208

옴 바즈라유세 훔 훔 시키 사바하
옴 바즈라유세 훔 훔 시키 사바하
옴 바즈라유세 훔 훔 시키 사바하
옴 바즈라유세 훔 훔 시키 사바하
옴 바즈라유세 훔 훔 시키 사바하

옴 바즈라유세 훔 훔 시키 사바하
옴 바즈라유세 훔 훔 시키 사바하
옴 바즈라유세 훔 훔 시키 사바하
옴 바즈라유세 훔 훔 시키 사바하
옴 바즈라유세 훔 훔 시키 사바하

옴 바즈라유세 훔 훔 시키 사바하
옴 바즈라유세 훔 훔 시키 사바하
옴 바즈라유세 훔 훔 시키 사바하
옴 바즈라유세 훔 훔 시키 사바하
옴 바즈라유세 훔 훔 시키 사바하

옴 바즈라유세 훔 훔 시키 사바하
옴 바즈라유세 훔 훔 시키 사바하
옴 바즈라유세 훔 훔 시키 사바하
옴 바즈라유세 훔 훔 시키 사바하
옴 바즈라유세 훔 훔 시키 사바하

옴 바즈라유세 훔 훔 시키 사바하
옴 바즈라유세 훔 훔 시키 사바하
옴 바즈라유세 훔 훔 시키 사바하
옴 바즈라유세 훔 훔 시키 사바하
옴 바즈라유세 훔 훔 시키 사바하

옴 바즈라유세 훔 훔 시키 사바하
옴 바즈라유세 훔 훔 시키 사바하
옴 바즈라유세 훔 훔 시키 사바하
옴 바즈라유세 훔 훔 시키 사바하
옴 바즈라유세 훔 훔 시키 사바하

238

옴 바즈라유세 훔 훔 시키 사바하
옴 바즈라유세 훔 훔 시키 사바하
옴 바즈라유세 훔 훔 시키 사바하
옴 바즈라유세 훔 훔 시키 사바하
옴 바즈라유세 훔 훔 시키 사바하

옴 바즈라유세 훔 훔 시키 사바하
옴 바즈라유세 훔 훔 시키 사바하
옴 바즈라유세 훔 훔 시키 사바하
옴 바즈라유세 훔 훔 시키 사바하
옴 바즈라유세 훔 훔 시키 사바하

옴 바즈라유세 훔 훔 시키 사바하
옴 바즈라유세 훔 훔 시키 사바하
옴 바즈라유세 훔 훔 시키 사바하
옴 바즈라유세 훔 훔 시키 사바하
옴 바즈라유세 훔 훔 시키 사바하

253

옴 바즈라유세 훔 훔 시키 사바하
옴 바즈라유세 훔 훔 시키 사바하
옴 바즈라유세 훔 훔 시키 사바하
옴 바즈라유세 훔 훔 시키 사바하
옴 바즈라유세 훔 훔 시키 사바하

옴 바즈라유세 훔 훔 시키 사바하
옴 바즈라유세 훔 훔 시키 사바하
옴 바즈라유세 훔 훔 시키 사바하
옴 바즈라유세 훔 훔 시키 사바하
옴 바즈라유세 훔 훔 시키 사바하

옴 바즈라유세 훔 훔 시키 사바하
옴 바즈라유세 훔 훔 시키 사바하
옴 바즈라유세 훔 훔 시키 사바하
옴 바즈라유세 훔 훔 시키 사바하
옴 바즈라유세 훔 훔 시키 사바하

옴 바즈라유세 훔 훔 시키 사바하
옴 바즈라유세 훔 훔 시키 사바하
옴 바즈라유세 훔 훔 시키 사바하
옴 바즈라유세 훔 훔 시키 사바하
옴 바즈라유세 훔 훔 시키 사바하

옴 바즈라유세 훔 훔 시키 사바하
옴 바즈라유세 훔 훔 시키 사바하
옴 바즈라유세 훔 훔 시키 사바하
옴 바즈라유세 훔 훔 시키 사바하
옴 바즈라유세 훔 훔 시키 사바하

옴 바즈라유세 훔 훔 시키 사바하
옴 바즈라유세 훔 훔 시키 사바하
옴 바즈라유세 훔 훔 시키 사바하
옴 바즈라유세 훔 훔 시키 사바하
옴 바즈라유세 훔 훔 시키 사바하

283

옴 바즈라유세 훔 훔 시키 사바하
옴 바즈라유세 훔 훔 시키 사바하
옴 바즈라유세 훔 훔 시키 사바하
옴 바즈라유세 훔 훔 시키 사바하
옴 바즈라유세 훔 훔 시키 사바하

옴 바즈라유세 훔 훔 시키 사바하
옴 바즈라유세 훔 훔 시키 사바하
옴 바즈라유세 훔 훔 시키 사바하
옴 바즈라유세 훔 훔 시키 사바하
옴 바즈라유세 훔 훔 시키 사바하

옴 바즈라유세 훔 훔 시키 사바하
옴 바즈라유세 훔 훔 시키 사바하
옴 바즈라유세 훔 훔 시키 사바하
옴 바즈라유세 훔 훔 시키 사바하
옴 바즈라유세 훔 훔 시키 사바하

옴 바즈라유세 훔 훔 시키 사바하
옴 바즈라유세 훔 훔 시키 사바하
옴 바즈라유세 훔 훔 시키 사바하
옴 바즈라유세 훔 훔 시키 사바하
옴 바즈라유세 훔 훔 시키 사바하

옴 바즈라유세 훔 훔 시키 사바하
옴 바즈라유세 훔 훔 시키 사바하
옴 바즈라유세 훔 훔 시키 사바하
옴 바즈라유세 훔 훔 시키 사바하
옴 바즈라유세 훔 훔 시키 사바하

옴 바즈라유세 훔 훔 시키 사바하
옴 바즈라유세 훔 훔 시키 사바하
옴 바즈라유세 훔 훔 시키 사바하
옴 바즈라유세 훔 훔 시키 사바하
옴 바즈라유세 훔 훔 시키 사바하

313

옴 바즈라유세 훔 훔 시키 사바하
옴 바즈라유세 훔 훔 시키 사바하
옴 바즈라유세 훔 훔 시키 사바하
옴 바즈라유세 훔 훔 시키 사바하
옴 바즈라유세 훔 훔 시키 사바하

옴 바즈라유세 훔 훔 시키 사바하
옴 바즈라유세 훔 훔 시키 사바하
옴 바즈라유세 훔 훔 시키 사바하
옴 바즈라유세 훔 훔 시키 사바하
옴 바즈라유세 훔 훔 시키 사바하

옴 바즈라유세 훔 훔 시키 사바하
옴 바즈라유세 훔 훔 시키 사바하
옴 바즈라유세 훔 훔 시키 사바하
옴 바즈라유세 훔 훔 시키 사바하
옴 바즈라유세 훔 훔 시키 사바하

옴 바즈라유세 훔 훔 시키 사바하
옴 바즈라유세 훔 훔 시키 사바하
옴 바즈라유세 훔 훔 시키 사바하
옴 바즈라유세 훔 훔 시키 사바하
옴 바즈라유세 훔 훔 시키 사바하

옴 바즈라유세 훔 훔 시키 사바하
옴 바즈라유세 훔 훔 시키 사바하
옴 바즈라유세 훔 훔 시키 사바하
옴 바즈라유세 훔 훔 시키 사바하
옴 바즈라유세 훔 훔 시키 사바하

옴 바즈라유세 훔 훔 시키 사바하
옴 바즈라유세 훔 훔 시키 사바하
옴 바즈라유세 훔 훔 시키 사바하
옴 바즈라유세 훔 훔 시키 사바하
옴 바즈라유세 훔 훔 시키 사바하

343

옴 바즈라유세 훔 훔 시키 사바하
옴 바즈라유세 훔 훔 시키 사바하
옴 바즈라유세 훔 훔 시키 사바하
옴 바즈라유세 훔 훔 시키 사바하
옴 바즈라유세 훔 훔 시키 사바하

옴 바즈라유세 훔 훔 시키 사바하
옴 바즈라유세 훔 훔 시키 사바하
옴 바즈라유세 훔 훔 시키 사바하
옴 바즈라유세 훔 훔 시키 사바하
옴 바즈라유세 훔 훔 시키 사바하

옴 바즈라유세 훔 훔 시키 사바하
옴 바즈라유세 훔 훔 시키 사바하
옴 바즈라유세 훔 훔 시키 사바하
옴 바즈라유세 훔 훔 시키 사바하
옴 바즈라유세 훔 훔 시키 사바하

358

옴 바즈라유세 훔 훔 시키 사바하
옴 바즈라유세 훔 훔 시키 사바하
옴 바즈라유세 훔 훔 시키 사바하
옴 바즈라유세 훔 훔 시키 사바하
옴 바즈라유세 훔 훔 시키 사바하

옴 바즈라유세 훔 훔 시키 사바하
옴 바즈라유세 훔 훔 시키 사바하
옴 바즈라유세 훔 훔 시키 사바하
옴 바즈라유세 훔 훔 시키 사바하
옴 바즈라유세 훔 훔 시키 사바하

옴 바즈라유세 훔 훔 시키 사바하
옴 바즈라유세 훔 훔 시키 사바하
옴 바즈라유세 훔 훔 시키 사바하
옴 바즈라유세 훔 훔 시키 사바하
옴 바즈라유세 훔 훔 시키 사바하

373

옴 바즈라유세 훔 훔 시키 사바하
옴 바즈라유세 훔 훔 시키 사바하
옴 바즈라유세 훔 훔 시키 사바하
옴 바즈라유세 훔 훔 시키 사바하
옴 바즈라유세 훔 훔 시키 사바하

옴 바즈라유세 훔 훔 시키 사바하
옴 바즈라유세 훔 훔 시키 사바하
옴 바즈라유세 훔 훔 시키 사바하
옴 바즈라유세 훔 훔 시키 사바하
옴 바즈라유세 훔 훔 시키 사바하

옴 바즈라유세 훔 훔 시키 사바하
옴 바즈라유세 훔 훔 시키 사바하
옴 바즈라유세 훔 훔 시키 사바하
옴 바즈라유세 훔 훔 시키 사바하
옴 바즈라유세 훔 훔 시키 사바하

388

옴 바즈라유세 훔 훔 시키 사바하
옴 바즈라유세 훔 훔 시키 사바하
옴 바즈라유세 훔 훔 시키 사바하
옴 바즈라유세 훔 훔 시키 사바하
옴 바즈라유세 훔 훔 시키 사바하

옴 바즈라유세 훔 훔 시키 사바하
옴 바즈라유세 훔 훔 시키 사바하
옴 바즈라유세 훔 훔 시키 사바하
옴 바즈라유세 훔 훔 시키 사바하
옴 바즈라유세 훔 훔 시키 사바하

옴 바즈라유세 훔 훔 시키 사바하
옴 바즈라유세 훔 훔 시키 사바하
옴 바즈라유세 훔 훔 시키 사바하
옴 바즈라유세 훔 훔 시키 사바하
옴 바즈라유세 훔 훔 시키 사바하

403

옴 바즈라유세 훔 훔 시키 사바하
옴 바즈라유세 훔 훔 시키 사바하
옴 바즈라유세 훔 훔 시키 사바하
옴 바즈라유세 훔 훔 시키 사바하
옴 바즈라유세 훔 훔 시키 사바하

옴 바즈라유세 훔 훔 시키 사바하
옴 바즈라유세 훔 훔 시키 사바하
옴 바즈라유세 훔 훔 시키 사바하
옴 바즈라유세 훔 훔 시키 사바하
옴 바즈라유세 훔 훔 시키 사바하

옴 바즈라유세 훔 훔 시키 사바하
옴 바즈라유세 훔 훔 시키 사바하
옴 바즈라유세 훔 훔 시키 사바하
옴 바즈라유세 훔 훔 시키 사바하
옴 바즈라유세 훔 훔 시키 사바하

418

옴 바즈라유세 훔 훔 시키 사바하
옴 바즈라유세 훔 훔 시키 사바하
옴 바즈라유세 훔 훔 시키 사바하
옴 바즈라유세 훔 훔 시키 사바하
옴 바즈라유세 훔 훔 시키 사바하

옴 바즈라유세 훔 훔 시키 사바하
옴 바즈라유세 훔 훔 시키 사바하
옴 바즈라유세 훔 훔 시키 사바하
옴 바즈라유세 훔 훔 시키 사바하
옴 바즈라유세 훔 훔 시키 사바하

옴 바즈라유세 훔 훔 시키 사바하
옴 바즈라유세 훔 훔 시키 사바하
옴 바즈라유세 훔 훔 시키 사바하
옴 바즈라유세 훔 훔 시키 사바하
옴 바즈라유세 훔 훔 시키 사바하

433

옴 바즈라유세 훔 훔 시키 사바하
옴 바즈라유세 훔 훔 시키 사바하
옴 바즈라유세 훔 훔 시키 사바하
옴 바즈라유세 훔 훔 시키 사바하
옴 바즈라유세 훔 훔 시키 사바하

옴 바즈라유세 훔 훔 시키 사바하
옴 바즈라유세 훔 훔 시키 사바하
옴 바즈라유세 훔 훔 시키 사바하
옴 바즈라유세 훔 훔 시키 사바하
옴 바즈라유세 훔 훔 시키 사바하

옴 바즈라유세 훔 훔 시키 사바하
옴 바즈라유세 훔 훔 시키 사바하
옴 바즈라유세 훔 훔 시키 사바하
옴 바즈라유세 훔 훔 시키 사바하
옴 바즈라유세 훔 훔 시키 사바하

옴 바즈라유세 훔 훔 시키 사바하
옴 바즈라유세 훔 훔 시키 사바하
옴 바즈라유세 훔 훔 시키 사바하
옴 바즈라유세 훔 훔 시키 사바하
옴 바즈라유세 훔 훔 시키 사바하

옴 바즈라유세 훔 훔 시키 사바하
옴 바즈라유세 훔 훔 시키 사바하
옴 바즈라유세 훔 훔 시키 사바하
옴 바즈라유세 훔 훔 시키 사바하
옴 바즈라유세 훔 훔 시키 사바하

옴 바즈라유세 훔 훔 시키 사바하
옴 바즈라유세 훔 훔 시키 사바하
옴 바즈라유세 훔 훔 시키 사바하
옴 바즈라유세 훔 훔 시키 사바하
옴 바즈라유세 훔 훔 시키 사바하

463

옴 바즈라유세 훔 훔 시키 사바하
옴 바즈라유세 훔 훔 시키 사바하
옴 바즈라유세 훔 훔 시키 사바하
옴 바즈라유세 훔 훔 시키 사바하
옴 바즈라유세 훔 훔 시키 사바하

옴 바즈라유세 훔 훔 시키 사바하
옴 바즈라유세 훔 훔 시키 사바하
옴 바즈라유세 훔 훔 시키 사바하
옴 바즈라유세 훔 훔 시키 사바하
옴 바즈라유세 훔 훔 시키 사바하

옴 바즈라유세 훔 훔 시키 사바하
옴 바즈라유세 훔 훔 시키 사바하
옴 바즈라유세 훔 훔 시키 사바하
옴 바즈라유세 훔 훔 시키 사바하
옴 바즈라유세 훔 훔 시키 사바하

478

옴 바즈라유세 훔 훔 시키 사바하
옴 바즈라유세 훔 훔 시키 사바하
옴 바즈라유세 훔 훔 시키 사바하
옴 바즈라유세 훔 훔 시키 사바하
옴 바즈라유세 훔 훔 시키 사바하

옴 바즈라유세 훔 훔 시키 사바하
옴 바즈라유세 훔 훔 시키 사바하
옴 바즈라유세 훔 훔 시키 사바하
옴 바즈라유세 훔 훔 시키 사바하
옴 바즈라유세 훔 훔 시키 사바하

옴 바즈라유세 훔 훔 시키 사바하
옴 바즈라유세 훔 훔 시키 사바하
옴 바즈라유세 훔 훔 시키 사바하
옴 바즈라유세 훔 훔 시키 사바하
옴 바즈라유세 훔 훔 시키 사바하

493

옴 바즈라유세 훔 훔 시키 사바하
옴 바즈라유세 훔 훔 시키 사바하
옴 바즈라유세 훔 훔 시키 사바하
옴 바즈라유세 훔 훔 시키 사바하
옴 바즈라유세 훔 훔 시키 사바하

옴 바즈라유세 훔 훔 시키 사바하
옴 바즈라유세 훔 훔 시키 사바하 *500*

보회향진언

옴 삼마라 삼마라 미만나 사라마
하 자가라바 훔

사경 끝난 날 : 불기 _____년 ____월 ____일

다라니(진언) 사경 11

건강과 장수를 위한 진언

초판 1쇄 발행 2014년 12월 12일 | **초판 2쇄 발행** 2022년 2월 14일

엮은이 편집부 | **펴낸이** 김시열

펴낸곳 도서출판 운주사

(02832) 서울시 성북구 동소문로 67-1 성심빌딩 3층

전화 (02) 926-8361 | **팩스** (0505) 115-8361

ISBN 978-89-5746-402-1 04220 **값** 5,000원

ISBN 978-89-5746-405-2 (세트)